AF193346

Geschichten auf Spanisch
Niveau A1 - Buch 1
- MIT AUDIO -

Für Spanischlerner entwickelt

Lade deine Audio-Dateien herunter:

Schritt 1: Gehe auf Esidioma.com/extras

Schritt 2: Trage den folgenden Code ein:

xbjYg

Bei Fragen wende dich gern an: info@Esidioma.com

esidioma.com

Índice

esidioma.com

Lerne mit uns Spanisch!
Wir haben alles, was du zur Verbesserung deiner
Sprachkenntnisse brauchst

Copyright © Esidioma
Texte: José Antonio Santiago
Gestaltung: Esidioma Team
Bilder: pexels.com
ISBN - 978-84-16971-60-2
Pflichtexemplarnummer - AS 01284-2024

Alle Rechte vorbehalten. Die teilweise oder vollständige Vervielfältigung und Verbreitung aller Inhalte dieses Werkes ist nur nach ausdrücklicher schriftlicher Zustimmung des Herausgebers erlaubt.

Patrick en España
Patrick in Spanien

Vocabulario

1.	Me llamo…		Ich heiße…
2.	aprender		lernen
3.	español		spanisch
4.	ciudad		Stadt
5.	trabajo		Arbeit
6.	periodista		Journalist
7.	periódico		Zeitung
8.	artículo		Artikel
9.	país		Land
10.	mundo		Welt
11.	cine		Kino
12.	película		Film
13.	¡Qué pena!		Schade!
14.	jugar		spielen
15.	baloncesto		Basketball
16.	aburrido		langweilig
17.	hablar		sprechen
18.	vecino		Nachbar
19.	problema		Problem
20.	por la noche		nachts
21.	gritar		rufen, schreien
22.	es tarde		es ist spät
23.	querer		wollen
24.	dormir		schlafen
25.	entender		verstehen

Patrick en España

¡Hola! ¿Qué tal? Me llamo Patrick y tengo veinticinco años. Soy de Estados Unidos, de Nueva York. Vivo en España porque quiero aprender español.

Vivo en Madrid. Me gusta mucho vivir aquí. Es una ciudad muy interesante. Y mi trabajo también es interesante. Soy periodista y trabajo en un periódico. Escribo artículos en inglés para la web del periódico.

En Madrid hay gente de muchos países. Tengo muchos amigos de todo el mundo. A veces, vamos juntos al cine. Vemos películas en español, pero entendemos muy poco. ¡Qué pena!

Patrick in Spanien

Hallo! Wie geht's? Ich heiße Patrick und bin 25 Jahre alt. Ich komme aus den Vereinigten Staaten, aus New York. Ich lebe in Spanien, weil ich Spanisch lernen möchte.

Ich wohne in Madrid. Ich lebe sehr gern hier. Es ist eine sehr interessante Stadt. Meine Arbeit ist auch interessant. Ich bin Journalist und arbeite bei einer Zeitung. Ich schreibe Artikel auf Englisch für die Website der Zeitung.

In Madrid sind Leute aus vielen Ländern. Ich habe viele Freunde aus der ganzen Welt. Manchmal gehen wir zusammen ins Kino. Wir schauen uns Filme auf Spanisch an, aber wir verstehen sehr wenig. Schade!

Aquí, en Madrid, tengo un buen amigo. Se llama Pablo y es argentino. Él también es periodista. Trabajamos juntos. Pablo habla inglés muy bien. Eso me gusta, porque podemos hablar de todo.

Todos los sábados jugamos al baloncesto con amigos. Pablo quiere jugar al fútbol, pero yo no quiero. No sé las reglas del fútbol. Creo que es un deporte aburrido. Yo digo: "Lo siento, Pablo, no me gusta el fútbol".

También quiero hablar de mi vecino. Se llama Juan y es de México. Él no habla inglés muy bien y mi español es muy malo. Por eso, tenemos problemas de comunicación. A Juan le gusta tocar la guitarra por la noche. Así que, yo grito en inglés: "Juan, es tarde. ¡Quiero dormir!". Y Juan responde: "¿Qué? No entiendo nada".

Ich habe einen guten Freund hier in Madrid. Er heißt Pablo und ist Argentinier. Er ist auch Journalist. Wir arbeiten zusammen. Pablo spricht sehr gut Englisch. Das finde ich gut, denn wir können über alles reden.

Jeden Samstag spielen wir mit Freunden Basketball. Pablo will Fußball spielen, aber ich will nicht. Ich kenne die Fußballregeln nicht. Ich finde, es ist ein langweiliger Sport. Ich sage: »Tut mir leid, Pablo, ich mag keinen Fußball.«

Ich möchte auch über meinen Nachbarn sprechen. Er heißt Juan und kommt aus Mexiko. Er spricht nicht sehr gut Englisch, und mein Spanisch ist sehr schlecht. Darum haben wir Verständigungsprobleme. Juan spielt gern nachts Gitarre. Dann rufe ich auf Englisch: »Juan, es ist spät. Ich will schlafen!« Und Juan antwortet: »Was? Ich verstehe nichts.«

Ejercicios

---

1 ¿Verdadero (V) o falso (F)?
Wahr oder falsch??

1. Patrick es periodista y escribe articulos en español.
2. Todos los sábados Patrick juega al baloncesto con amigos.
3. El vecino de Patrick se llama Juan.
4. Juan toca la guitarra por la mañana.
5. Patrick cree que fútbol es aburrido.
6. Pablo es argentino pero habla inglés muy bien.

2 Escoge la respuesta correcta
Wähle die richtige Antwort:

1. ¿Cuál es la profesión de Patrick?
   a) profesor b) periodista c) jugador de fútbol
2. ¿Qué hace Patrick todos los sábados?
   a) tocar la guitarra b) jugar al fútbol c) jugar al baloncesto
3. ¿Quién es Juan?
   a) un amigo de Patrick b) el vecino de Patrick
   c) el jefe de Patrick
4. ¿Quién habla inglés muy bien?
   a) Patrick y Pablo b) Pablo y Juan c) Patrick y Juan
5. ¿De dónde es Pablo?
   a) de España b) de México c) de Argentina

 3 Completa las frases con las siguientes palabras:
Vervollständige die Sätze mit den angegebenen Wörtern:

buen / tocar / poco / reglas /
ciudad / mundo

1. Patrick tiene amigos de todo el _____ .
2. A Juan le gusta _____ la guitarra por la noche.
3. No sé las _____ de fútbol.
4. Tengo un _____ amigo.
5. Madrid es una _____ muy interesante.
6. Vemos películas pero entendemos muy _____ .

 **4** Combina las columnas:
Verbinde die Spalten:

1. Escribo articulos en   a. baloncesto
2. Tenemos problemas de   b. inglés
3. Soy periodista y trabajo en un   c. países
4. En Madrid hay gente de muchos   d. malo
5. Todos los sábados jugamos al   e. periódico
6. Mi español es muy   f. comunicación

Soluciones

Ejercicio 1: 1–F, 2–V, 3–V, 4–F, 5–V, 6–V
Ejercicio 2: 1-b, 2-c, 3-b, 4-a, 5-c
Ejercicio 3: 1–mundo, 2–tocar, 3–reglas, 4–buen, 5–ciudad, 6–poco
Ejercicio 4: 1–b, 2–f, 3–e, 4–c, 5–a, 6–d

¡Qué calor!
Was für eine Hitze!

Vocabulario

1. leer	lesen
2. grado	Grad
3. en la calle	draußen, auf der Straße
4. no me importa	es macht mir nichts aus
5. oficina	Büro
6. aire acondicionado	Klimaanlage
7. hace calor	es ist heiß
8. jefe	Chef
9. un poco	ein wenig
10. mentira	Lüge
11. región	Region
12. nunca	nie
13. cambiar	ändern
14. hace frío	es ist kalt
15. segundo	zweiter
16. parte	Teil
17. siempre	immer
18. sur	Süden
19. nieve	Schnee
20. por todas partes	überall
21. turno	ich bin dran = es mi ...
22. ayudar	helfen
23. cerca	in der Nähe
24. ¡Qué suerte!	So ein Glück!
25. desierto	Wüste

¡Qué calor!

Hoy hace mucho calor. Hay treinta y cinco grados en la calle. ¡Qué calor! Pero no me importa. En la oficina hay aire acondicionado.

Hoy tengo que escribir un artículo muy interesante: El tiempo en España, México, Argentina y otros países. Empiezo a escribir: "Siempre hace mucho calor en España".

Mi jefe lee un poco y dice: "Patrick, eso es mentira. Yo soy de Asturias. Es una pequeña región en el norte de España. Allí nunca hace calor". ¡Vaya! Qué interesante. Tengo que cambiar el artículo: "En algunas partes de España, hace frío".

Was für eine Hitze!

Heute ist es sehr heiß. Es sind fünfunddreißig Grad draußen. Was für eine Hitze! Aber mir macht das nichts aus. Im Büro haben wir eine Klimaanlage.

Heute muss ich einen interessanten Artikel schreiben: Das Wetter in Spanien, Mexiko, Argentinien und anderen Ländern. Ich beginne zu schreiben: »In Spanien ist es immer heiß.«

Mein Chef liest ein wenig und sagt: »Patrick, das ist gelogen. Ich komme aus Asturien. Das ist eine kleine Region in Nordspanien. Dort ist es niemals heiß.« Oh! Interessant. Ich muss meinen Artikel ändern: »In manchen Teilen Spaniens ist es kalt.«

Ahora escribo la segunda parte del artículo: "En Argentina siempre hace mucho calor". Pablo, mi amigo argentino, dice: "¡Eso no es verdad! En el sur de Argentina hace mucho frío. Hay nieve por todas partes". ¡Vaya! En Argentina también hace frío.

Ahora es el turno de México. No sé qué escribir. ¿En México hace frío o calor? Mi vecino Juan es de allí. Él me puede ayudar... Bueno, ya es hora de irse a casa. Puedo terminar el artículo mañana.

Estoy cerca de mi casa. Veo a mi vecino Juan. ¡Qué suerte! Yo le digo: "Hola vecino". Él responde: "Hola. ¡Uf! Qué calor, ¿verdad?". Yo no sé que responder. Por eso, digo: "Si, sí... No me gusta el calor... Quiero ir a México". Mi vecino está sorprendido. Dice: "¿México? ¡En México hay siete desiertos!". Qué interesante. En México nunca hace frío.

Jetzt schreibe ich den zweiten Teil des Artikels. »In Argentinien ist es immer sehr heiß.« Pablo, mein argentinischer Freund, meint: »Das stimmt nicht! Im Süden Argentiniens ist es sehr kalt. Überall liegt Schnee.« Oh! In Argentinien ist es auch kalt.

Jetzt ist Mexiko dran. Ich weiß nicht, was ich schreiben soll. Ist es in Mexiko heiß oder kalt? Mein Nachbar Juan ist von da. Er kann mir helfen... So, es ist Zeit, heim zu gehen. Ich kann den Artikel morgen fertig schreiben.

Ich bin in der Nähe meiner Wohnung. Ich sehe meinen Nachbarn Juan. So ein Glück! Ich sage zu ihm: »Hallo Nachbar!« Er antwortet: »Hallo. Uff, es ist heiß, oder?« Ich weiß nicht, was ich sagen soll. Darum sage ich: »Ja, ich mag keine Hitze...ich will nach Mexiko.« Mein Nachbar ist überrascht. Er meint: »Mexiko? In Mexiko gibt es sieben Wüsten!« Interessant: In Mexiko ist es nie kalt.

Ejercicios

---

1 ¿Verdadero (V) o falso (F)?
Wahr oder falsch??

1. En la oficina de Patrick hay aire acondicionado.
2. En España y en Argentina siempre hace calor.
3. En España hay siete desiertos.
4. En el sur de Argentina hace mucho frío.
5. El jefe de Patrick es de Asturias.
6. Hoy en Nueva York hay treinta y cinco grados.

2 Escoge la respuesta correcta
Wähle die richtige Antwort:

1. ¿Qué tiempo hace hoy en Madrid?
a) hace calor b) hace frío c) hay nieve por todas partes
2. ¿Dónde hay siete desiertos?
a) en España b) en Argentina c) en México
3. ¿Qué es Asturias?
a) una ciudad de México b) una región de España
c) una región en el sur de Argentina
4. ¿Qué tiempo hace en el sur de Argentina?
a) hace frío b) hace calor c) siempre hay 35 grados
5. ¿Dónde nunca hace frío?
a) en España b) en México c) en Argentina

 3 Completa las frases con las siguientes palabras:
Vervollständige die Sätze mit den angegebenen Wörtern:

aire / desiertos / partes / turno /
sur / región

1. Hay nieve por todas _____ .
2. Asturias es una pequeña _____ en el norte de España.
3. En la oficina hay _____ acondicionado.
4. En México hay siete _____ .
5. En el _____ de Argentina hace mucho frío.
6. Ahora es el _____ de México. No sé qué escribir.

4 Combina las columnas:
Verbinde die Spalten:

1. En Argentina también hace   a. artículo
2. Es hora de irse a   b. importa
3. Ahora escribo la segunda parte del c. frío
4. En la calle hay treinta y cinco   d. sorprendido
5. Hace calor pero no me   e. grados
6. Mi vecino está   f. casa

Soluciones

Ejercicio 1: 1–V, 2–F, 3–F, 4–V, 5–V, 6–F
Ejercicio 2: 1-a, 2-c, 3-b, 4-a, 5-b
Ejercicio 3: 1–partes, 2–región, 3–aire, 4–desiertos, 5–sur, 6–turno
Ejercicio 4: 1–c, 2–f, 3–a, 4–e, 5–b, 6–d

El apartamento de Patrick
Patricks Wohnung

Vocabulario

1. apartamento	Wohnung
2. vivir	wohnen, leben
3. calle	Straße
4. tranquilo	ruhig
5. ¡Me encanta!	Ich mag es sehr!
6. dormitorio	Schlafzimmer
7. salón	Wohnzimmer
8. pequeño	klein
9. sofá	Sofa
10. cómodo	bequem
11. baño	Bad
12. cocina	Küche
13. cama	Bett
14. armario	Schrank
15. ordenador	Computer
16. familia	Familie
17. madre	Mutter
18. todos los días	jeden Tag
19. por la mañana	morgens
20. estar a dieta	auf Diät sein
21. cenar	zu Abend essen
22. plato típico	typisches Gericht
23. supermercado	Supermarkt
24. cerrado	geschlossen
25. huevo	Ei

El apartamento de Patrick

🔊 Audio 3

¡Bienvenidos! Este es mi apartamento. Yo vivo aquí. Mi apartamento está en una calle muy tranquila. Y mi oficina está muy cerca. ¡Me encanta!

En mi apartamento hay tres dormitorios. El salón es pequeño, pero tiene una televisión muy grande y un sofá muy cómodo. Este es el baño y aquí está la cocina. ¿Os gusta mi apartamento?

Mi dormitorio es pequeño. Tiene una cama, una mesa, una silla y un armario. Mi ordenador está en la mesa. Lo uso para trabajar, para ver películas y para hablar con mi familia. Hablo con mi madre todos los días.

Patricks Wohnung

Herzlich Willkommen! Das ist meine Wohnung. Hier wohne ich. Meine Wohnung ist in einer sehr ruhigen Straße. Und mein Büro ist in der Nähe. Ich mag sie sehr!

Meine Wohnung hat drei Schlafzimmer. Das Wohn-zimmer ist klein, aber es hat einen großen Fernseher und ein sehr bequemes Sofa. Das ist das Bad und hier ist die Küche. Gefällt euch meine Wohnung?

Mein Zimmer ist klein. Darin stehen ein Bett, ein Tisch, ein Stuhl und ein Schrank. Auf dem Tisch ist mein Computer. Damit arbeite ich, schaue mir Filme an und spreche mit meiner Familie. Ich rede jeden Tag mit meiner Mutter.

No vivo solo. Vivo con un español y con una chica de Francia. Se llaman Pedro y Emilia. Son muy simpáticos. Emilia habla muy bien español. Yo quiero hablar español como ella.

Por la mañana, desayunamos juntos. Pedro solo toma café. Emilia come huevos y salchichas. Mmmmh, eso me gusta. Yo estoy a dieta. Por eso, solo desayuno cereales con leche. Y, a veces, tomo zumo de naranja.

Por la noche, también cenamos juntos. Hoy voy a hacer una tortilla de patatas para todos. Es un plato típico español. Es muy fácil de hacer. Necesito patatas, huevos y cebolla. Abro la nevera: ¡Ay, no hay huevos! Y el supermercado está cerrado. Voy al salón y digo: "Chicos, voy a pedir pizza para cenar".

Ich wohne nicht allein. Ich wohne mit einem Spanier und einer Französin zusammen. Sie heißen Pedro und Emilia. Sie sind sehr nett. Emilia spricht sehr gut Spanisch. Ich will wie sie Spanisch sprechen.

Morgens frühstücken wir zusammen. Pedro trinkt nur Kaffee. Emilia isst Eier und Würstchen. Mhm, das schmeckt mir. Ich bin auf Diät. Darum esse ich nur Cerealien und Milch zum Frühstück. Manchmal trinke ich Orangensaft.

Abends essen wir auch zusammen zu Abend. Heute werde ich Kartoffelomelette für alle machen. Das ist typisch spanisches Gericht. Es geht ganz einfach. Ich brauche Kartoffeln, Eier und Zwiebeln. Ich öffne den Kühlschrank: Oh nein, wir haben keine Eier! Der Supermarkt hat zu. Ich gehe ins Wohnzimmer und sage: »Leute, ich bestelle Pizza fürs Abendessen.«

Ejercicios

1

¿Verdadero (V) o falso (F)?
Wahr oder falsch??

1. El apartamento de Patrick está cerca de la oficina.
2. Pedro y Emilia trabajan con Patrick.
3. Emilia desayuna huevos y salchichas.
4. Patrick está a dieta y no quiere pedir pizza.
5. El salón de Patrick es muy grande.
6. En la nevera no hay huevos.

2

Escoge la respuesta correcta
Wähle die richtige Antwort:

1. ¿Con quién habla Patrick todos los días?
a) con su hermano b) con sus amigos c) con su madre

2. ¿Qué tiene el apartamento de Patrick?
a) un sofá cómodo b) dos dormitorios c) un salón grande

3. ¿Con quién vive Patrick?
a) vive solo b) con Pedro y Emilia c) con una española

4. ¿Qué desayuna Patrick?
a) huevos y salchichas b) café c) cereales con leche

5. ¿Qué hay en la nevera?
a) patatas y cebolla b) patatas y huevos
c) huevos y cebolla

3 Completa las frases con las siguientes palabras:
Vervollständige die Sätze mit den angegebenen Wörtern:

tortilla / dormitorios / dieta / tranquila /
plato / días

1. En mi apartamento hay tres _____ .
2. Hoy voy a hacer _____ de patatas.
3. Desayuno solo cereales porque estoy a _____ .
4. Hablo con mi madre todos los _____ .
5. Mi apartamento está en una calle muy _____ .
6. La tortilla de patatas es un _____ típico español.

4 Combina las columnas:
Verbinde die Spalten:

1. A veces, tomo zumo de   a. cerrado
2. El supermercado está   b. cenar
3. Es muy fácil de   c. películas
4. Hoy voy a pedir pizza para   d. naranja
5. El sofá es muy   e. cómodo
6. Uso el ordenador para ver   f. hacer

Soluciones

Ejercicio 1: 1–V, 2–F, 3–V, 4–F, 5–F, 6–V
Ejercicio 2: 1-c, 2-a, 3-b, 4-c, 5-a
Ejercicio 3: 1–dormitorios, 2–tortilla, 3–dieta, 4–días,
5–tranquila, 6–plato
Ejercicio 4: 1–d, 2–a, 3–f, 4–b, 5–e, 6–c

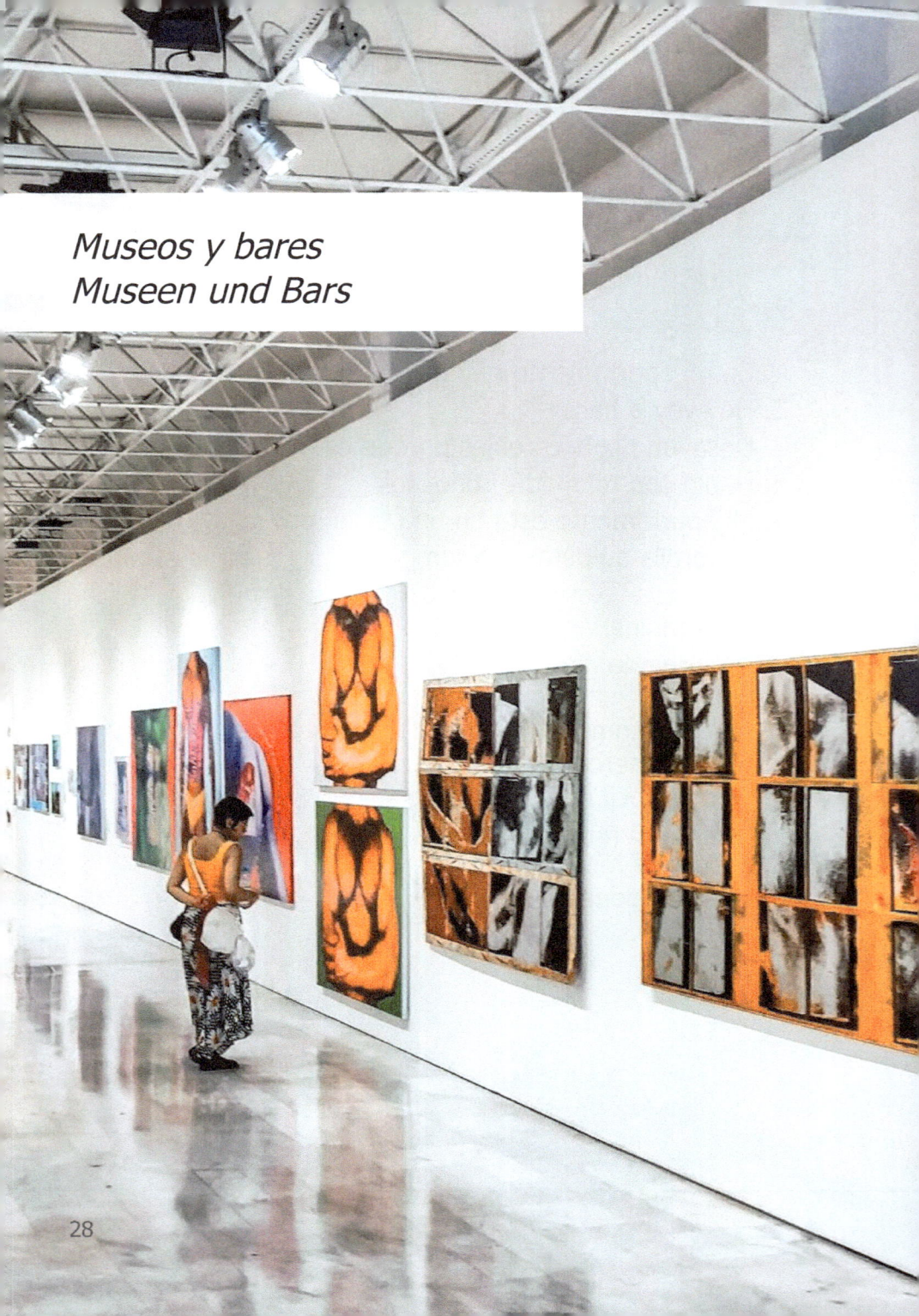

Museos y bares
Museen und Bars

Vocabulario

1.	museo	Museum
2.	hoy	heute
3.	grande	groß
4.	visitar	besuchen
5.	todo el día	den ganzen Tag
6.	tengo hambre	ich habe Hunger
7.	cafetería	Café
8.	hamburguesa	Burger
9.	cerveza	Bier
10.	intentar	versuchen
11.	error	Fehler
12.	camarero	Kellner
13.	por favor	bitte
14.	guapo	hübsch (männl.)
15.	nervioso	nervös
16.	sonreir	lächeln
17.	diccionario	Wörterbuch
18.	alegre	fröhlich
19.	simpático	nett
20.	sábado	Samstag
21.	rápido	schnell
22.	vida	Leben
23.	minuto	Minute
24.	tal vez	vielleicht
25.	bar	Bar

Museos y bares

Hoy es sábado. Todos los sábados, voy a un museo. Hoy voy a visitar el Museo Arqueológico Nacional. El museo es grande. Tiene muchas cosas interesantes. Voy a estar allí todo el día. Hoy tengo un plan perfecto.

Ahí está el museo. Pero tengo hambre. Quiero ir al museo con el estómago lleno. ¿Dónde hay una cafetería? ¡Ahí hay una!

Voy a pedir una hamburguesa y una cerveza sin alcohol. Voy a intentar decirlo bien y sin errores: una hamburguesa por favor, una hamburguesa por favor, una hamburguesa...

Museen und Bars

Heute ist Samstag. Jeden Samstag gehe ich in ein Museum. Heute gehe ich ins Nationale Archäologie-Museum. Das Museum ist groß. Darin sind viele interessante Sachen. Ich werde den ganzen Tag dort sein. Heute habe ich einen perfekten Plan.

Dort ist das Museum. Aber ich habe Hunger. Ich will mit vollem Magen ins Museum gehen. Wo ist ein Café? Ah, dort ist eines!

Ich werde einen Burger und ein alkoholfreies Bier bestellen. Ich werde versuchen, es richtig und ohne Fehler zu sagen: Einen Burger bitte, einen Burger bitte, einen Burger bitte...

La camarera viene y dice: "Buenos días, guapo. ¿Qué vas a tomar?". Yo la miro. Me pongo nervioso y digo: "Guapa tú… yo hamburguesa… ¿Cómo te llamas?". La chica sonríe: "Perfecto. Quieres una hamburguesa. ¿Quieres algo más? ¿Tal vez un diccionario de español?". Yo no sé qué decir y ella se ríe. La gente en España es muy alegre.

La camarera es muy guapa y simpática. Se llama María. Habla muy rápido. No entiendo casi nada. Me cuenta toda su vida en cinco minutos. Después, dice: "¿Tienes planes para hoy? Yo termino de trabajar a las cinco. Voy a ir a un bar con amigos. ¿Quieres venir conmigo?".

Ahora estoy en el museo. Pero a las cinco voy a ir a un bar con María y sus amigos. Esto es un sábado perfecto: museos y bares.

Die Kellnerin kommt und sagt: »Hallo Hübscher. Was darf's sein?« Ich sehe sie an. Ich werde nervös und sage: »Hübsch du...ich Burger...Wie heißt du?« Sie lächelt. »Perfekt. Du willst einen Burger. Möchtest du noch irgendwas? Vielleicht ein Spanisch-Wörterbuch?« Ich weiß nicht, was ich sagen soll, und sie lacht. Die Leute in Spanien sind sehr fröhlich.

Die Kellnerin ist sehr hübsch und nett. Sie heißt Maria. Sie redet sehr schnell. Ich verstehe fast nix. Sie erzählt mir ihre ganze Lebensgeschichte in fünf Minuten. Dann sagt sie: »Hast du heute schon was vor? Ich habe um fünf Uhr Feierabend. Ich gehe mit Freunden in eine Bar. Willst du mitkommen?«

Jetzt bin ich im Museum. Aber um fünf gehe ich mit Maria und ihren Freunden in eine Kneipe. Ein perfekter Samstag: Museen und Bars.

Ejercicios

1 ¿Verdadero (V) o falso (F)?
Wahr oder falsch??

1. Patrick quiere ir al museo con el estomago lleno.
2. La camarera se pone nerviosa.
3. La gente en España cuenta toda su vida en cinco minutos.
4. La camarera es muy guapa y simpática.
5. María quiere visitar el Museo Arqueológico Nacional.
6. Patrick pide a la camarera un diccionario de español.

2 Escoge la respuesta correcta
Wähle die richtige Antwort:

1. ¿Qué plan tiene Patrick para el sábado?
   a) ir a un bar b) ir a un museo c) ir al museo con amigos
2. ¿Porqué va a una cafetería?
   a) porque tiene hambre b) quiere practicar su español
   c) quiere hablar con la camarera
3. ¿Dónde trabaja María?
   a) en el museo b) no trabaja c) en la cafetería
4. ¿A qué hora termina María?
   a) a las cinco b) a las seis c) a las siete
5. ¿Cómo es la gente en España?
   a) muy seria b) alegre c) muy nerviosa

 Completa las frases con las siguientes palabras:
Vervollständige die Sätze mit den angegebenen Wörtern:

algo / hoy / cerveza / vida /
hambre / nervioso

1. Tengo _____ . ¿Dónde hay una cafetería?
2. La camarera dice: "¿Quieres _____ más?"
3. Me cuenta toda su _____ en cinco minutos.
4. ¿Tienes planes para _____ ?
5. Me pongo _____ y digo: "Guapa tú".
6. Voy a pedir una _____ sin alcohol.

Combina las columnas:
Verbinde die Spalten:

1. La gente en España es muy   a. ríe
2. Voy a estar allí todo el   b. alegre
3. La camarera se   c. lleno
4. Voy a intentar decirlo sin   d. día
5. Quiero ir al museo con el estomago e. hamburguesa
6. Voy a pedir una   f. errores

Soluciones

Ejercicio 1: 1–V, 2–F, 3–F, 4–V, 5–F, 6–F
Ejercicio 2: 1-b, 2-a, 3-c, 4-a, 5-b
Ejercicio 3: 1–hambre, 2–algo, 3–vida, 4–hoy, 5–nervioso, 6–cerveza
Ejercicio 4: 1–b, 2–d, 3–a, 4–f, 5–c, 6–e

Un partido de fútbol
Ein Fußballspiel

Vocabulario

1. partido	Spiel, Partie
2. fútbol	Fußball
3. No me gusta…	Ich mag keinen…
4. entrada	Eintrittskarte
5. lleno	voll
6. estadio	Stadion
7. gente	Leute
8. empezar	anfangen
9. regla	Regel
10. balón	Ball
11. jugador	Spieler
12. dar patadas	treten
13. caer	fallen, stürzen
14. suelo	Boden
15. enfadado	wütend
16. reirse	lachen
17. gol	Tor
18. saltar	springen
19. abrazar	umarmen
20. besar	küssen
21. contento	glücklich, zufrieden
22. ¿Qué pasa?	Was ist los?
23. enemigo	Feind
24. otra vez	nochmal
25. tener amigos	Freunde haben

Un partido de fútbol

Hoy es domingo. Voy a ver un partido de fútbol con María. No me gusta el fútbol, pero María tiene dos entradas. Los amigos de María también van a venir.

El estadio está lleno. Hay mucha gente. Empieza el partido y todos empiezan a gritar. Yo no sé las reglas del fútbol. Hay un balón y muchos jugadores. Los jugadores dan patadas al balón y la gente grita. No entiendo nada. Tengo que aprender las reglas.

Un jugador cae al suelo. María empieza a gritar. No entiendo ninguna palabra, pero María está muy enfadada. Los amigos de María se ríen. No entiendo nada. Tengo que mejorar mi español.

Ein Fußballspiel

Heute ist Sonntag. Ich werde mir mit Maria ein Fußballspiel ansehen. Ich mag Fußball nicht, aber Maria hat zwei Eintrittskarten. Marias Freunde werden auch kommen.

Das Stadion ist voll. Es sind viele Leute da. Das Spiel beginnt, und alle fangen an zu brüllen. Ich kenne die Fußballregeln nicht. Ein Ball und viele Spieler. Die Spieler treten gegen den Ball und die Leute schreien. Ich verstehe nichts. Ich muss die Regeln lernen.

Ein Spieler stürzt zu Boden. Maria fängt an zu brüllen. Ich verstehe kein Wort, aber Maria ist sehr sauer. Marias Freunde lachen. Ich verstehe nichts. Ich muss mein Spanisch verbessern.

De repente, María grita: "¡Gooool!". Está muy contenta. Empieza a saltar, me abraza, me besa. Pero los amigos de María no están muy contentos.

Entonces hay otro gol. Yo grito: "¡Gooool!". Todos los amigos de María me abrazan y se ríen. Yo miro a María. Está sentada y enfadada. Yo pregunto: "María, ¿qué pasa? ¿Por qué estás enfadada?". María dice: "Soy del otro equipo". Yo respondo: "Ah, ahora lo entiendo todo. Entonces, ¿ahora somos enemigos?". Todos se ríen.

Después del partido, todos están contentos. María dice: "Dentro de diez minutos empieza otro partido. ¿Quién quiere ir a verlo al bar?". Todos los amigos de María dicen: "¡Yo!". Yo pienso: "¿Otra vez fútbol?". En España, el fútbol es muy importante. Si no te gusta el fútbol, no tienes amigos.

Plötzlich schreit Maria: »Toooor!« Sie freut sich sehr. Sie fängt an zu springen, umarmt mich, küsst mich. Aber Marias Freunde freuen sich nicht sonderlich.

Da fällt noch ein Tor. Ich rufe: »Toooor!« Alle Freunde von Maria umarmen mich und lachen. Ich sehe zu Maria. Sie sitzt, und sie ist wütend. Ich frage: »Maria, was ist los? Warum bist du sauer?« Maria sagt: »Ich bin für die andere Mannschaft.« Ich antworte: »Ah, jetzt verstehe ich. Heißt das, dass wir jetzt Feinde sind?« Alle lachen.

Nach dem Spiel sind alle glücklich. Maria sagt: »In zehn Minuten beginnt ein neues Spiel. Wer kommt mit in die Kneipe, um es zu sehen?« Alle Freunde von Maria sagen »Ich!« Ich denke: »Schon wieder Fußball?« In Spanien ist Fußball sehr wichtig. Wenn du keinen Fußball magst, hast du keine Freunde.

Ejercicios

 **1** ¿Verdadero (V) o falso (F)?
Wahr oder falsch??

1. A Patrick le gusta mucho el fútbol.
2. María tiene dos entradas para un partido de fútbol.
3. María grita: "¡Goool!", y sus amigos se abrazan y se besan.
4. María quiere ir al bar a ver otro partido de fútbol.
5. En España, el fútbol es muy importante.
6. En el estadio hay poca gente.

2 Escoge la respuesta correcta
Wähle die richtige Antwort:

1. ¿Cuántas entradas tiene María?
a) para todos sus amigos b) dos c) solo para ella
2. ¿Por qué María no está contenta con el otro gol?
a) es del otro equipo b) Patrick es su enemigo
c) no le interesa el fútbol
3. ¿Dónde van a ver el segundo partido?
a) en el estadio b) en casa de Patrick c) en un bar
4. ¿Quién no sabe las reglas del fútbol?
a) Patrick b) María c) los amigos de María
5. ¿Quién cae al suelo?
a) Patrick b) un jugador c) María

3 Completa las frases con las siguientes palabras:
Vervollständige die Sätze mit den angegebenen Wörtern:

mejorar / enfadada / abrazan / partido /
lleno / entradas

1. Voy a ver un _____ de fútbol.
2. Los amigos de María me _____ y se ríen.
3. No me gusta el fútbol, pero María tiene dos _____ .
4. No entiendo nada. Tengo que _____ mi español.
5. El estadio está _____ .
6. Yo pregunto: "María, ¿por qué estás _____ ?"

4 Combina las columnas:
Verbinde die Spalten:

1. Los jugadores dan patadas al   a. palabra
2. No entiendo ninguna   b. reglas
3. Hay un balón y muchos   c. contenta
4. Tengo que aprender las   d. amigos
5. María grita: "¡Goool!". Está muy   e. jugadores
6. Si no te gusta el fútbol, no tienes f. balón

Soluciones

Ejercicio 1: 1–F, 2–V, 3–F, 4–V, 5–V, 6–F
Ejercicio 2: 1-b, 2-a, 3-c, 4-a, 5-b
Ejercicio 3: 1–partido, 2–abrazan, 3–entradas, 4–mejorar, 5–lleno, 6–enfadada
Ejercicio 4: 1–f, 2–a, 3–e, 4–b, 5–c, 6–d

Patrick va a trabajar
Patrick geht zur Arbeit

Vocabulario

1. ir a trabajar	zur Arbeit gehen
2. todas las mañanas	jeden Morgen
3. levantarse	aufstehen
4. ducharse	duschen
5. vestirse	sich anziehen
6. desayunar	frühstücken
7. ir a pie	zu Fuß gehen
8. ir en autobús	Bus fahren
9. salir de casa	aus dem Haus gehen
10. parada de autobús	Bushaltestelle
11. a menudo	oft
12. esperar	warten
13. correr	rennen
14. dónde	wo
15. ¿Qué hora es?	Wie spät ist es?
16. llegar	ankommen
17. chaqueta	Jacke
18. bufanda	Schal
19. tener prisa	es eilig haben
20. puntual	pünktlich
21. por supuesto	natürlich
22. ¡Por fin!	Endlich!
23. cartera	Portemonnaie
24. volver	zurückkehren
25. matar	umbringen

Patrick va a trabajar

Todas las mañanas, me levanto a las 7:00 (siete) para ir a trabajar. Primero, me ducho. Después, me visto, desayuno y voy a trabajar. No me gusta ir a pie. Voy en autobús porque es más rápido.

Siempre salgo de casa a las 8:00 (ocho). La parada de autobús está cerca. Los autobuses pasan a menudo. Por eso, no tengo que esperar mucho tiempo. Mi autobús pasa cada diez minutos.

Pero hoy es diferente. Miro la hora. ¡Madre mía! Son las 8:20 (ocho y veinte) y todavía estoy en casa. Tengo que estar en la oficina a las 9:00 (nueve). Voy a llegar tarde. Salgo de casa y corro a la parada.

Patrick geht zur Arbeit

Ich stehe jeden Morgen um 7 Uhr auf, um zur Arbeit zu gehen. Zuerst dusche ich. Dann ziehe ich mich an, frühstücke und gehe zur Arbeit. Ich gehe nicht gern zu Fuß. Ich fahre mit dem Bus, weil das schneller geht.

Ich gehe immer 8 Uhr aus dem Haus. Die Bushaltestelle ist in der Nähe. Die Busse fahren oft. Deshalb muss ich nicht lange warten. Mein Bus fährt alle zehn Minuten.

Doch heute ist es anders. Ich schaue auf die Uhr. Oh Gott! Es ist 8.20 Uhr und ich bin noch zu Hause. Ich muss 9 Uhr im Büro sein. Ich werde zu spät kommen. Ich verlasse das Haus und renne zur Haltestelle.

Aquí estoy en la parada. ¿Dónde está mi autobús? ¿Qué hora es? Bueno, tengo que tranquilizarme. El autobús va a llegar en dos minutos.

Hoy hace un poco de frío. En la parada hay gente con chaqueta. También hay una persona con bufanda. Pero yo no tengo frío porque estoy nervioso. Voy a llegar tarde. ¿Dónde está mi autobús?

Hay mucha gente en la calle. Todo el mundo va a trabajar. Todo el mundo tiene prisa. ¿La gente en España es puntual? Sí, por supuesto. Mi jefe es muy puntual. Aquí llega mi autobús. ¡Por fin!

Entro en el autobús y… ¿Dónde está mi cartera? ¡Ay, está en la mesa de la cocina! Tengo que volver a casa. Hoy voy a llegar muy tarde al trabajo. Mi jefe me va a matar.

Ich bin an der Haltestelle. Wo ist mein Bus? Wie spät ist es? Gut, ich muss mich beruhigen. Der Bus kommt in zwei Minuten.

Es ist recht kühl heute. Manche Leute an der Haltestelle tragen Jacken. Eine Person trägt einen Schal. Mir ist jedoch nicht kalt, weil ich nervös bin. Ich werde zu spät kommen. Wo ist mein Bus?

Es sind viele Leute auf der Straße. Alle gehen zur Arbeit. Alle haben es eilig. Sind die Leute in Spanien pünktlich? Ja, natürlich. Mein Chef ist sehr pünktlich. Da kommt mein Bus. Endlich!

Ich steige in den Bus und... Wo ist mein Portemonnaie? Oh, es liegt auf dem Küchentisch! Ich muss nach Hause zurück. Heute komme ich viel zu spät zur Arbeit. Mein Chef wird mich umbringen.

Ejercicios

---

1 ¿Verdadero (V) o falso (F)?
Wahr oder falsch??

1. A Patrick no le gusta ir a pie.
2. El autobús de Patrick pasa cada diez minutos.
3. Patrick tiene que estar en la oficina a las ocho.
4. Patrick lleva una chaqueta y una bufanda.
5. El jefe de Patrick es muy puntual.
6. Patrick tiene que volver a casa porque su cartera está allí.

2 Escoge la respuesta correcta
Wähle die richtige Antwort:

1. ¿A qué hora se levanta Patrick?

a) a las ocho b) a las ocho y veinte c) a las siete

2. ¿Por qué Patrick va al trabajo en autobús?

a) es más rápido b) le duele el pie c) hace mucho calor

3. ¿Cada cuánto pasa el autobús de Patrick?

a) cada 2 minutos b) cada 5 minutos c) cada 10 minutos

4. ¿Por qué Patrick está nervioso?

a) hace frío, y Patrick no lleva bufanda b) va a llegar tarde

c) tiene que hablar en español

5. ¿Dónde está la cartera de Patrick?

a) en casa b) en la parada c) en la oficina

3 Completa las frases con las siguientes palabras:
Vervollständige die Sätze mit den angegebenen Wörtern:

cartera / tarde / parada / levanto /
pasa / bufanda

1. La _____ de autobús está cerca.
2. Mi autobús _____ cada diez minutos.
3. Voy a llegar muy _____ al trabajo.
4. Hay gente con chaqueta y una persona con _____ .
5. Me _____ a las siete para ir a trabajar.
6. ¡Mi _____ está en la mesa de la cocina!

4 Combina las columnas:
Verbinde die Spalten:

1. Los autobuses pasan a   a. frío
2. Todo el mundo tiene   b. menudo
3. Mi jefe me va a   c. matar
4. No me gusta ir a   d. pie
5. Hoy hace un poco de   e. puntual
6. Mi jefe es muy   f. prisa

Soluciones

Ejercicio 1: 1–V, 2–V, 3–F, 4–F, 5–V, 6–V
Ejercicio 2: 1-c, 2-c, 3-c, 4-b, 5-a
Ejercicio 3: 1–parada, 2–pasa, 3–tarde, 4–bufanda, 5–levanto, 6–cartera
Ejercicio 4: 1–b, 2–f, 3–c, 4–d, 5–a, 6–e

Patrick aprende español
Patrick lernt Spanisch

Vocabulario

1. estudiar	lernen
2. alumno	Schüler
3. clase	Klasse
4. profesor	Lehrer
5. joven	jung
6. escuchar	zuhören
7. responder	antworten
8. hispanohablante	spanischsprachig
9. tradición	Tradition
10. hacer preguntas	Fragen stellen
11. interesante	interessant
12. escuela	Schule
13. también	auch
14. verbo	Verb
15. mal	falsch, schlecht
16. palabra	Wort
17. falta de ortografía	Rechtschreibfehler
18. todo el mundo	alle
19. amigo	Freund
20. repetir	wiederholen
21. a veces	manchmal
22. pronunciar	aussprechen
23. pronunciación	Aussprache
24. tener paciencia	Geduld haben
25. tocar la guitarra	Gitarre spielen

Patrick aprende español

 Me gusta estudiar español. Los martes y los jueves voy a una escuela de español para extranjeros. Somos diez alumnos en clase. Algunos somos de Estados Unidos y Canadá. Pero también hay una alemana, un francés y dos chinos. Nuestra profesora es joven. Se llama Alicia.

En clase escuchamos audios y leemos textos. También vemos vídeos sobre México, España y otros países hispanohablantes. Los vídeos muestran costumbres y tradiciones. Después, Alicia hace preguntas sobre el vídeo y nosotros respondemos. Es muy interesante. Todos escuchamos a Alicia con atención.

Patrick lernt Spanisch

Ich lerne gern Spanisch. Dienstags und Donnerstags gehe ich zu einer Spanischschule für Ausländer. Wir sind zehn Schüler in der Klasse. Einige von uns kommen aus den USA und Kanada. Es gibt aber auch eine Deutsche, einen Franzosen und zwei Chinesen. Unsere Lehrerin ist jung. Sie heißt Alicia.

Im Unterricht hören wir Audios und lesen Texte. Wir schauen auch Videos über Mexiko, Spanien und andere spanischsprachige Länder. Die Videos zeigen Bräuche und Traditionen. Hinterher stellt Alicia Fragen zum Video und wir antworten. Das ist sehr interessant. Wir alle hören Alicia aufmerksam zu.

Me gusta aprender español en la escuela. Pero también aprendo en el trabajo. Mi jefe siempre me ayuda: "Patrick, este verbo está mal. Patrick, esta palabra es incorrecta. Patrick, aquí tienes una falta de ortografía". Mi español no es perfecto. Pero todo el mundo tiene faltas de ortografía.

También aprendo con mis amigos españoles. Todos los días dicen palabras nuevas. Yo las repito. A veces, no las pronuncio bien y mis amigos se ríen. Sí, mi pronunciación no es muy buena. Tengo que tener paciencia.

Cuando estoy en casa, veo películas en español. Así aprendo palabras nuevas. A veces subo el volumen de la tele. Entonces, mi vecino Juan grita: "Patrick, es tarde. Quiero dormir". Y yo respondo: "¿Qué? No entiendo nada. ¿Hoy no vas a tocar la guitarra?".

Ich lerne gern Spanisch in der Schule. Aber ich lerne auch bei der Arbeit. Mein Chef hilft mir immer. »Patrick, dieses Verb ist falsch. Patrick, dieses Wort stimmt nicht. Patrick, hier hast du einen Rechtschreibfehler.« Mein Spanisch ist nicht perfekt. Aber Rechtschreibfehler kommen bei jedem vor.

Ich lerne auch von meinen spanischen Freunden. Sie sagen jeden Tag neue Wörter. Ich wiederhole sie. Manchmal spreche ich sie nicht richtig aus, und meine Freunde lachen. Ja, meine Aussprache ist nicht sehr gut. Ich muss Geduld haben.

Wenn ich zu Hause bin, schaue ich Filme auf Spanisch. So lerne ich neue Vokabeln. Manchmal stelle ich den Fernseher lauter. Dann schreit mein Nachbar Juan: »Patrick, es ist spät. Ich will schlafen.« Und ich antworte: »Was? Ich verstehe nichts. Spielst du heute nicht Gitarre?«

Ejercicios

1 ¿Verdadero (V) o falso (F)?
Wahr oder falsch??

1. La profesora de Patrick se llama Alicia y es joven.
2. El jefe de Patrick no quiere ayudarle.
3. Cuando Patrick está en casa, ve películas en español.
4. La pronunciación de Patrick no es muy buena.
5. Los vídeos muestran los costumbres de Canadá.
6. Patrick no escucha a Alicia con atención.

2 Escoge la respuesta correcta
Wähle die richtige Antwort:

1. ¿Cómo es Alicia?
a) es vieja b) es joven c) es aburrida
2. ¿Qué hace Patrick en casa?
a) ver películas en español b) tocar la guitarra
c) hablar con su jefe
3. ¿Cuándo hay clases de español?
a) los sábados b) los lunes c) los martes y los jueves
4. ¿Quién tiene faltas de ortografía?
a) el jefe de Patrick b) Patrick c) Juan
5. ¿Cuántos alumnos hay en clase?
a) diez b) dos chinos y un francés c) cuatro

3 Completa las frases con las siguientes palabras:
Vervollständige die Sätze mit den angegebenen Wörtern:

países / repito / veces / preguntas /
guitarra / falta

1. Patrick, aquí tienes una _____ de ortografía.
2. Mis amigos dicen palabras nuevas y yo las _____ .
3. Alicia hace _____ sobre el vídeo.
4. Vemos vídeos sobre los _____ hispanohablantes.
5. ¿Hoy no vas a tocar la _____ ?
6. A _____ , no pronuncio bien las palabras.

4 Combina las columnas:
Verbinde die Spalten:

1. Escuchamos a Alicia con   a. clase
2. Nuestra profesora es   b. atención
3. Voy a una escuela de español para   c. tele
4. Los vídeos muestran costumbres y   d. extranjeros
5. Somos diez alumnos en   e. joven
6. A veces subo el volumen de la   f. tradiciones

Soluciones

Ejercicio 1: 1–V, 2–F, 3–V, 4–V, 5–F, 6–F
Ejercicio 2: 1-b, 2-a, 3-c, 4-b, 5-a
Ejercicio 3: 1–falta, 2–repito, 3–preguntas, 4–países, 5–guitarra, 6–veces
Ejercicio 4: 1–b, 2–e, 3–d, 4–f, 5–a, 6–c

Notas

Notas

Copyright © Esidioma

Alle Rechte vorbehalten. Die teilweise oder vollständige Vervielfältigung und
Verbreitung aller Inhalte dieses Werkes ist nur nach ausdrücklicher schriftlicher
Zustimmung des Herausgebers erlaubt. Dies schließt alle Formen der
elektronischen und drucktechnischen Reproduktion und Distribution mit ein.
Wer gegen Urheberrechte verstößt, macht sich strafbar.